Aprende Python como si estuvieras en el siglo XXI

JJ Merelo

Índice general

Capítulo 1

Para empezar a trabajar

necesitas Python, claro. Python tiene dos versiones en desarrollo: la 2 y la 3. Aunque en un 90% el código que vamos a usar
funcionará correctamente en las dos versiones, vamos a trabajar
con la versión 3. Es muy posible que ya tengas instalado algún
programa que necesite Python y por tanto se encuentre ya en tu
sistema, al menos si se trata de Linux o MacOS. Escribe

```
python --version
```

en tu línea de órdenes para ver qué versión tienes instalada. Si
tienes la versión 3, estás listo para hacer todos los ejercicios del
resto del libro. Si no, continúa leyendo después del interludio
siguiente donde te explicaremos cómo trabajar con la línea de

órdenes de tu sistema operativo, algo que nos va a servir durante el resto del libro.

Trabajando con la línea de órdenes.

La mayoría de los desarrolladores usan ordenadores con el sistema operativo Linux o Macs para trabajar. Es posible que tú no lo uses, pero no tienes que preocuparte, porque puedes trabajar de la misma forma en Windows → https://goo.gl/xowWMv. En las últimas actualizaciones todavía es más fácil, pudiendo descargarte Ubuntu con su línea de órdenes desde la Windows Store → https://goo.gl/8Te8n2, aunque pare esto tendrás que estar dentro de un programa que se denomina *Windows Insider*, por lo que posiblemente sea más fácil activar el subsistema Ubuntu como se indica en el primer enlace. Esta línea de órdenes de Linux presenta una serie de ventajas, como poder trabajar con temas → https://goo.gl/11jiQ8 que hacen de tu experiencia algo mucho más agradable, como esto:

Figura 1.1: zsh con oh-my-zsh

En cualquier caso, conviene que conozcas algunas cosas básicas del intérprete bash para ejecutar estos programas de una sola línea o simplemente para entrar en Python y empezar a teclear órdenes. Por ejemplo, estos trucos básicos

- Te puedes mover por la línea de órdenes con las flechas, pero también de palabra en palabra con control →. Control-a te llevará al principio de la línea (a es el principio del alfabeto), control-e al final de la línea (*end*, en inglés).

- Puedes borrar la línea entera con control-k. Para copiar y pegar en una consola en Linux usa mayúsculas-control-c y mayúsculas-control-v. Igual que en cualquier otro lado, sólo que con el *mayúsculas* por delante.

- ↑ te permitirá acceder a las órdenes anteriores que has ejecutado y editarlas. También con control-r podrás comenzar a buscar por algunos caracteres que estén en la línea. Por ejemplo, ctrl-r + py te encontrará la última orden en la que se ha usado esa combinación de teclas.

```
jmerelo at penny in ~/Libros/1line-py (master●●●)
$ python --version
bck-i-search: py_
```

Figura 1.2: Control-r py

- Usa siempre el tabulador para completar. En la primera palabra de la orden te completará el nombre de la misma, en el resto te completará nombres de ficheros y demás. Si lo usas te ahorrarás teclear un montón. Dependiendo del intérprete que uses, te aparecerán diferentes opciones que podrás seleccionar con el cursor; en zsh por ejemplo te aparecen los ficheros de un directorio a los que se pueda aplicar la orden que ya se ha tecleado.

La línea de órdenes, que en realidad se denomina *consola* o *terminal*, que se usa en los Mac y Linux es la misma, y tiene una buena cantidad de funcionalidades que, si se conocen, te pueden ayudar a ser bastante productivo. Usa el buscador DuckDuckGo con su servicio de chuletas integrado → https://goo.gl/2wzXs7 para encontrarla. Las primeras órdenes, `ls`, `rm`, `mkdir`, `cd` van a ser las que vas a necesitar con seguridad. Mira la chuleta completa → https://goo.gl/1aawHD para ver una buena cantidad de órdenes interesantes, alguna de las cuales te puede sacar de un apuro en un momento determinado. Y una vez que la uses, está almacenada en tu historia y puedes volver a ella usando, como hemos visto antes, control-r.

Instalando Python

Instálatela de la forma habitual

```
sudo apt install python3 #Ubuntu
apk add python #Alpine Linux
brew  install python3 #OSX
choco install python &REM Windows
```

o

```
Install-Package python -Version 3.6.0
```

si usas el Package Manager → https://goo.gl/WuUGwY de NuGet para Windows o chocolatey → https://goo.gl/svIsHS, el otro gestor de paquetes para Windows. Ninguno de los dos vienen instalados en la versión básica de este sistema operativo, por lo que tendrás que instalártelos antes. Por supuesto, también puedes descargarte un instalador de Python para Windows → https://goo.gl/DEz8j2 de la web.

Usando pyenv

Si quieres trabajar con una versión diferente de la que viene con tu sistema operativo, no tienes permisos de administrador para trabajar con él, o simplemente para gestionar de forma ágil las versiones de Python que tienes, aconsejamos pyenv, una herramienta para seleccionar la versión de Python que tenemos. Usa esta línea → https://goo.gl/F5X86Q desde Linux

```
curl -L https://git.io/install-pyenv | bash
```

Si eres usuario de Docker y no de Python, puedes usar también los contenedores oficiales → https://goo.gl/hl5nJm para ejecutar lo que sea, inclusive la línea de órdenes que vamos a usar más adelante. Con Docker tendrás que definir un alias para python, porque la línea de órdenes va a ser un poco más compleja y larga.

Usando virtualenv

Si quieres trabajar en un entorno en el cual los paquetes que instales están aislados de los que están instalados por defecto, se puede utilizar lo que es conocido como virtualenv. Con virtualenv se puede tener entornos con módulos que solo están ligados a dicho entorno y no afectan al resto del sistema; la principal diferencia con pyenv es que en este los módulos se instalan para todos los programas del usuario. En producción será bastante más útil virtualenv y conviene conocerlo, pero para el resto de este libro es suficiente con las formas de instalación indicadas anteriormente.

Para instalar se utiliza el gestor de módulos en python conocido como pip:

```
$ pip install virtualenv
```

Con esto podemos tener entornos aislados, resolviendo problemas de dependencias, versiones, y permisos. Más información sobre virtualenv en su web → https://goo.gl/oYVhFX.

Por favor, fíjate en que pip se ejecuta sin privilegios de superusuario. Hoy en día es fácil mantener diferentes versiones de Python, incluyendo la del sistema si es necesario, usando herramientas tales como pyenv → https://goo.gl/RU0Swa o el propio virtualenv. En cualquier caso, tiene sentido que los módulos del desarrollador se mantengan en el directorio del desarrollador, por lo que es mejor no usar *nunca* pip con privilegios de superusuario, es decir, usando sudo.

Trabajando desde cualquier lugar

Si simplemente quieres ir probando cosas desde tu tablet o un ordenador accesible públicamente, puedes usar repl.it → https://goo.gl/cJ3FU0, un recurso en la web con REPLs (bucle lee, evalúa, imprime) para un montón de lenguajes, incluyendo Python 2 y 3 y muchos otros de los que es posible que usemos algún ejemplo en este libro.

> *Ejercicio*: regístrate en repl.it usando tu cuenta de Google, Facebook o GitHub. Si no estás registrado en GitHub, quizás sea un buen momento para hacerlo.

Python, de hecho, está *empotrado* en muchas aplicaciones, como un lenguaje que sirve para escribir *plugins* o extensiones. Tal vez

Python está incluido en tus programas habituales.

En Gimp, por ejemplo, se puede usar para escribir extensiones → https://goo.gl/HmqFiW que manipulan directamente la imagen, y además el propio programa incluye una consola de Python, aunque de la versión 2. LibreOffice también permite escribir programas con él si se instala la extensión correspondiente, y muchas aplicaciones de escritorio y juegos → https://goo.gl/xLxP6l permiten hacerlo de diferente forma, pero siempre dejando acceso a

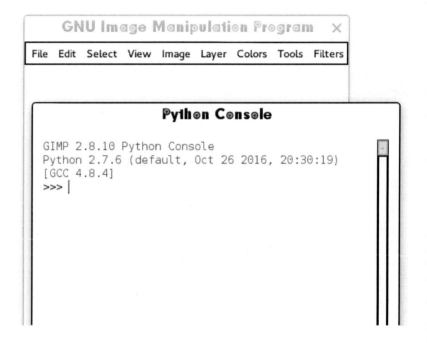

Figura 1.3: En Gimp

una consola desde la que se pueden teclear órdenes en Python.

Si no tienes ninguna otra cosa, ni Internet, pero sí una copia de Gimp, ¡tienes Python! Si tienes de todo, tener Python empotrado en las aplicaciones te permite diferentes campos de juego y posibilidades creativas.

Trabajando con un editor

Aunque sea sólo por el hecho de poder llevar un pequeño diario de lo que has hecho, es conveniente que trabajes con Python desde un editor. La distribución de Python incluye un entorno de desarrollo llamado IDLE. Escribiendo `idle` en un terminal, o desde la selección de órdenes de tu sistema operativo, te aparecerá la ventana correspondiente, que se abre directamente en un terminal de Python donde se pueden ejecutar las órdenes o evaluar expresiones.

```
Python 3.7.0a0 Shell                                              ✕

File  Edit  Shell  Debug  Options  Window  Help

Python 3.7.0a0 (heads/master:ee84a60858, Aug 17 2017, 12:14:01)
[GCC 4.8.4] on linux
Type "copyright", "credits" or "license()" for more information.
>>>
```

Figura 1.4: Usando IDLE, el entorno de trabajo de Python

La mayoría de los editores te permiten trabajar con el lenguaje que quieras en una de las ventanas mientras tienes el código en otra. Si usas emacs, el editor viene integrado. Si usas Atom, escribe

```
apm install Repl
```

para que te instale un REPL, o línea de órdenes, que se puede usar para diferentes lenguajes.

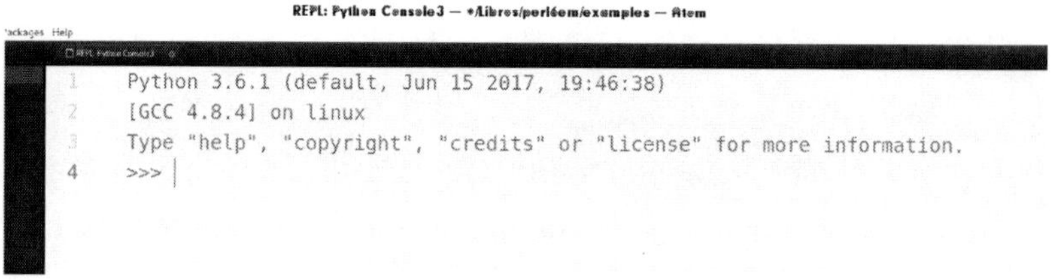

Figura 1.5: Línea de órdenes de Python en Atom

En cualquier caso conviene conocer y usar, dentro de lo posible, un editor para trabajar con cualquier lenguaje. Los editores como los mencionados tienen un modo específico para cada lenguaje, que depende de la extensión del mismo, que te permite desde completar código → https://goo.gl/RPHUA9 usando la sintaxis del lenguaje hasta presentarlo con colores de forma que la estructura del programa sea más fácil de entender. En algunos casos, como en el de Visual Studio Code (VSCode), el editor y entorno de programación libre de Microsoft, tendrás que instalar una extensión específica para poder trabajar con este entorno de línea de órdenes.

Hay varias extensiones de VSCode para Python; la más popular se llama simplemente Python → https://goo.gl/iT7LkX. Con esta

Figura 1.6: Código Python y REPL en VS Code

extensión se instalan una serie de órdenes para trabajar con Python, incluyendo un REPL: Usando mayúsculas-control-P para seleccionar las órdenes que se van a ejecutar y buscando "REPL" aparecerá *Python: Start REPL* que arrancará una ventana de órdenes tal como la que aparece más arriba en la imagen. Si usas otros editores, como Visual Studio, se le denomina "Ventana interactiva" → https://goo.gl/NCe2qn y viene de serie con el mismo.

Concluyendo

Después de este capítulo deberías de tener instalado algún entorno con el que poder trabajar con Python, aparte de ser capaz de ejecutar python desde la línea de órdenes. Escoge el que más te guste, o instálatelos todos. Son software libre y es lo que tienen.

Capítulo 2

Tipos de datos básicos.

Para empezar y con un afán bastante simplificador, vamos a trabajar con dos tipos de datos básicos: números y palabras. La cosa se puede complicar eventualmente, pero por lo pronto quedémonos ahí.

Arrancamos python desde nuestra línea de órdenes o sitio online de prueba favorito, y vamos a ver cómo trabajar con estos datos. Ábrelo y empieza a teclear números y palabras

```
>>> 3
>>> "cosas"
```

Las palabras llevarán comillas alrededor. Incluso aunque se trate de una sola letra. El intérprete se *acuerda* de lo último que has tecleado

>>> _

```
>>> "cosas"
"cosas"
'cosas'
>>> _

'cosas'
>>> ▯
```

Podemos pasar así el día, así que vamos a empezar a hacer algo con estos números. Por ejemplo...

Un poco de aritmética básica

Nada inesperado en este área. Suma, resta, multiplicación y división → https://goo.gl/hGZ5XG

>>> 3*8+5.2**8

dará un número bastante grande, teniendo en cuenta que ** es *elevado a*, es decir, 2**8 es 2 a la octava potencia. En esto no se diferencia de otros lenguajes. Por ejemplo, si abres la consola de desarrollo en tu navegador (con mayúsculas-control-k en Firefox, por ejemplo), tendrás el mismo resultado, aunque estaremos trabajando en JavaScript.

```
>>  3*8+5.2**8
<-  534621.2853145602
```

Los números no son todos iguales. Los enteros y los números reales (los que tienen coma decimal) se comportarán de forma diferente, aunque no habrá que preocuparse (demasiado) por ello ahora mismo.

```
>>> type(3)
type(3)
<class 'int'>
>>> type(5.2)
type(5.2)
<class 'float'>
```

Hay una operación que es bastante peculiar de Python, la división entera o //

```
>>> 800//33
800//33
24
```

que, precisamente, está relacionada con ese hecho. El resultado de una división entera siempre será un entero, y los enteros o int se pueden usar para cosas en las que los float no encajan. Lo que puede tener su importancia en casos como el siguiente:

```
>>> type(800/20)
type(800/20)
<class 'float'>
>>> type(800//20)
type(800//20)
<class 'int'>
>>> 800/20
800/20
40.0
>>> 800//20
800//20
40
```

De camino, vemos la primera función: type. Las funciones en Python llevan siempre paréntesis y tienen una serie de argumentos que, en su caso, se separarán por comas.

Y también de camino, vemos el concepto de *duck typing* → https://goo.gl/opPfUe. Dependiendo de la pinta que tenga lo que se ha tecleado, Python lo considerará una cosa u otra: si anda como pato y camina como un pato, es un pato. Y si tiene números y un . decimal, pues será un float

```
>>> type(333)
type(333)
<class 'int'>
>>> type(333.)
type(333.)
<class 'float'>
```

Cuando combinamos varias operaciones, el intérprete tiene que averiguar qué es lo que hay que aplicar primero. Los paréntesis ayudan: siempre se ejecuta primero la operación dentro de los paréntesis.

```
>>> 5*(3**2 + 2**3)
5*(3**2 + 2**3)
85
```

Pero, en ausencia de paréntesis, hay que considerar las *reglas de precedencia*. Tienen incluso un nemónico: *Please excuse my dear aunt Sally*; tomando las iniciales, paréntesis, exponentes, multiplicación, división y finalmente adición y sustracción. Por eso

```
5*3**2 + 2**3
```

ejecutará primero los exponentes, a continuación la multiplicación dando 5x9 = 35 y finalmente las sumas. No es habitual que uno se encuentre con operaciones demasiado complicadas salvo transcribiendo fórmulas, pero es conveniente saberlo y en caso de duda siempre están los paréntesis, que además hacen más legible la expresión.

> *Ejercicio*: usando _ para recordar el valor anterior y ↑ para repetir la última orden en el intérprete, ir calculando una docena o más de valores de una progresión aritmética o geométrica.

Los números que Python entiende son los números arábigos, vamos, los de toda la vida. Si usamos números romanos como V no los entenderá como tal, sino como un carácter y nos dará un error de variable no definida. No en todos los lenguajes es así. Perl 6 trabaja de forma nativa con este tipo de números, y V+5 resultará en el número 10, y 5**V en 3125. Los lenguajes de programación, poco a poco, van empezando a usar el potencial completo de Unicode, pero algunos lenguajes, como Python y JavaScript (que también dará un error) todavía no han llegado a hacerlo.

Afortunadamente, Python no sólo trabaja con números. También puede

Trabajar con cualquier tipo de caracteres

Pero vamos a dar un paso hacia atrás, o hacia un lado, para reconocer que existen letras más allá de nuestro alfabeto latino. Empezando por los emojis, tales como este, ☆, y terminando con los caracteres de alfabetos vivos o muertos como este Ⱦ → https://goo.gl/w89iRx. Un lenguaje de programación moderno, y un ordenador moderno, debe ser capaz de trabajar con todos ellos. No siempre será así, y tanto entre las dos comas anteriores como justo antes de las comillas abajo puede aparecer un espacio en blanco si el tipo de letra que se use no es capaz de acomodar el carácter Unicode correspondiente.

```
"þor el poderoso ⚡"
```

Como hemos visto más arriba, las cadenas o *strings* están rodeadas por comillas.

> Hemos elegido þ como carácter raro porque es uno de los pocos de este tipo que se pueden teclear fácilmente desde el teclado castellano. þ sale con AltGr + p. Otros caracteres son ß, que sale con AltGr + s u ø, que se obtiene con AltGr + o.

Y están compuestas por un número de caracteres determinado, que se halla con len

```
>>> len(_)
len(_)
17
```

Las cadenas están compuestas por caracteres, y podemos acceder a ellos indicando su índice, que comienza por 0: "þor el poderoso ¶"[16] devolverá ¶. También podemos acceder a grupos de caracteres, usando el rango x:y. _[0:3] nos devolverá los 4 primeros caracteres de la última cadena, lo que es equivalente a _[:3].

Los operadores aritméticos también se pueden usar sobre cadenas.

> Cuando un operador se puede aplicar sobre tipos diferentes se dice que está *sobrecargado*. En muchos lenguajes también puede definir el usuario sobrecargas adicionales sobre tipos definidos por él.

El + concatenará cadenas:

```
>>> _[0:3]
_[0:3]
'þor'
>>> _ + " y Loki el mentiroso"
_ + " y Loki el mentiroso"
'þor y Loki el mentiroso'
```

y el asterisco *, usado tradicionalmente como símbolo para multiplicar, en este caso las replicará "þor, " * 3 + "y más þor" resultará en la cadena 'þor, þor, þor, y más þor'.

El tipo de estas cadenas es str. ¿Y qué ocurre cuando tratamos de mezclarlas con los números? Pues que resulta en un error.

```
>>> "3.4"+7
"3.4"+7
Traceback (most recent call last):
  File "<stdin>", line 1, in <module>
TypeError: must be str, not int
>>>.
```

Figura 2.1: Error por mezclar tipos

Aparte de tener *tipado pato*, Python usa también comprobación dinámica de tipos para saber si se puede aplicar o no una operación a sus operandos. En este caso no encuentra ninguna forma sensata de sumar una cadena a un número, así que simplemente expresa su disconformidad con el asunto, diciendo que se trata de un TypeError. Pero error es una palabra un poco fuerte.

Hablemos de los problemas de entendimiento

En el caso anterior, el intérprete nos ha dicho: `TypeError: must be str, not int`. Pero es leer la palabra **error** y uno empieza a sentirse culpable. Es culpa mía, todo lo hago mal, voy a empezar de nuevo hasta que lo consiga.

Pero no hay por qué tomárselo así. *Error* es simplemente la forma en la que los ordenadores nos dicen "No te he entendido bien". Los ordenadores, y los intérpretes de lenguajes, son muy literales y todo lo entienden tal y como se ha tecleado. Miran, y si no te entienden te lo dicen. Pero también te dan a entender que es un problema de expectativas. Esperaban una cosa, y ha sido otra: `must be str, not int`. Debe ser un `str`, no un `int`. Si fueran capaces de saber de qué cadena se trata, ellos mismos lo harían. De hecho, algunos otros lenguajes se comportarán de forma diferente. JavaScript, por ejemplo, dirá que `"3.4"+7` es, naturalmente, `3.47` haciendo una conversión implícita de un número a una cadena. Otro lenguaje, R, te dirá: `Error in "3.4" + 7 : argumento no-numérico para operador binario`. No le gusta la cadena y no tiene reparos en decirlo, porque R es un lenguaje estadístico, y por tanto (casi) matemático. Perl, sin embargo, llevará el *tipado pato* hasta las últimas consecuencias, dando como resultado 10.4.

Lo que viene a querer decir que lenguajes diferentes van a entender esa expresión, forzosamente ambigua, de forma diferente. Pero si no la entienden, te van a dar alguna pista de por qué no lo han hecho.

Volvamos a Python: `TypeError: must be str, not int` te dice que hay un problema con el tipo de uno de los operandos, que debe ser una cadena (`str`), no un entero. Como sólo hay un entero, el número 7, eso quiere decir que ahí es donde está el error, al menos según Python. De hecho, si lo hacemos al revés, `7+"3.4"`, Python nos dirá:

```
TypeError: unsupported operand type(s) for +: 'int' and 'st
```

que es algo más informativo. Ya no te está diciendo que el entero es un error, sino que alguno de los dos está equivocado. En las líneas anteriores, además, te indica dónde ha ocurrido, aunque `File "<stdin>", line 1, in <module>`no sea demasiado amigable.

En todo caso, estos mensajes te ayudan a entender dónde ha producido el malentendido y de qué se trata. Aunque estén en inglés (en la mayoría de los casos), conviene leerlos tranquilamente y comprender qué es lo que dicen, porque te da la pista de por qué el ordenador no ha sido capaz de entender lo que se le quería decir. En este caso, porque Python no sabe como sumar dos cosas que tienen un tipo diferente. Simplemente, a la siguiente, se le suministran cosas a los dos lados del signo + que sean compatibles y listos.

Y si todo falla, siempre puedes buscarlo en Internet. Eliminando lo que sea específico de tu código, como nombres de variable y demás, puedes buscar el resto → https://goo.gl/M5E4vo y llegará, en la mayor parte de los casos, a StackOverflow →

https://goo.gl/e39eq7 donde verás contextos similares y una solución al problema. En este caso, te viene a decir que hay que hacer una conversión explícita: `7+float("3.4")`, lo que está totalmente de acuerdo con el *zen* de Python → https://goo.gl/Pgr7yg:

```
>Explícito antes que implícito
```

Y, por supuesto, toda esta sección se corresponde al de

```
>Los errores no deben suceder en silencio
```

Como conclusión a esta sección: si el ordenador no te entiende
y te lo dice cortésmente, lee, comprende, trata de adaptarte a lo
que requiere, pero si todo falla, Google es tu amigo.

Concluyendo

No es malo equivocarse. Sucede en las mejores familias, incluso en las operaciones más básicas. Para las cuales puedes usar
Python como si fuera una calculadora un poco más complicada
y que usara, además, cadenas de caracteres. Vale, una calculadora complicada *y* rara.

Capítulo 3

Lo que es verdad y lo que no lo es

Toda la computación se basa en lo que es verdad o no. Un *bit* de información sólo puede tener dos valores: verdadero o falso, 1 o 0, algo o nada. Y esta simple lógica se usa de base para muchas otras operaciones en informática: tomar decisiones, decidir qué es parte de un conjunto y qué no lo es, y, en realidad, dado que toda la información está almacenada, allí abajo, en forma de bits, de toda la informática en general.

Pero a más alto nivel, a los tipos que almacenan una simple dicotomía verdadero/falso se les denomina Booleanos, por el *álgebra de Boole*, algo que ha servido para que generaciones de informáticos tengan que sufrir esta asignatura en primero.

En Python, todo lo que parece un cero, nulo y falso, lo es. Esto, que parece contradecir el principio de *explícito mejor que implícito*, también se ajusta a otro, el de *lo práctico vence a la pureza*, lo que viene a ser una excusa para hacer lo que a uno le dé la gana, pero también se aplica de forma lógica (Booleana) a este caso.

Estos valores se pueden escribir explícitamente (primer principio) en nuestro intérprete:

```
>>> type(True)
type(True)
<class 'bool'>
```

Por sí solos los tipos booleanos tampoco son tan útiles. Pero sí lo son para hacer

Operaciones lógicas

Conviene recordar que, para empezar, todo valor tiene un equivalente lógico. Estas operaciones no se tienen por qué hacer, necesariamente, sobre tipos bool. Por ejemplo

```
not(3)
False
```

not cambia lo verdadero a falso y lo falso a verdadero, pero siempre devolverá un booleano.

```
not(None)
True
```

Hay otras dos operaciones lógicas: and y or. and necesita que sean ciertos los dos operandos:

```
3 and ""
''
```

Para devolver un valor verdadero, que además será el segundo de los operandos

```
3.5 and "happy"
'happy'
```

Si el resultado es falso, devolverá el operando que tenga un valor que equivalga a falso:

```
"" and 3
''
```

En este caso, igual que en el primero, el valor devuelto es '', que equivale a Falso. Con or sucederá algo similar:

```
[] or 45
45
```

oreando un valor falso ([], que equivale a un *array* vacío y por tanto es falso) y otro verdadero, devolverá el que sea verdadero, o uno de ellos operando si los dos tienen el mismo tipo. A or le basta con que sea cierto uno de los operandos, como se ve arriba.

Curiosamente, or devuelve el segundo operando si el resultado es falso, y el primero si el resultado es True. Eso puede tener que ver con lo que se denomina "cortocircuito" en la evaluación de los operandos de las operaciones lógicas. En el caso de and, si el primer operando es falso, el resultado va a ser falso de todas formas, y por lo tanto la evaluación se *cortocircuita*, evitando evaluar el segundo resultado. En el caso de or, aunque el primer operando sea falso, hay que evaluar también el segundo, pero si el primero es verdadero, el resultado va a ser verdadero, así que simplemente devuelven el último operando evaluado.

Aunque estas operaciones se usan con asiduidad, las que tienen más interés son las operaciones de comparación que dan un resultado Verdadero o Falso.

Ejercicio: se dice que una fórmula es "satisfacible" → https://goo.gl/T3AZSY si es verdadera al menos para una combinación de valores. Con una fórmula de 3 variables, ¿cuantas combinaciones posibles de valores hay? Diseña una fórmula y pruébala sistemáticamente hasta que encuentres si es satisfacible o no. Altérala y conviértela en no-satisfacible, probándola también sistemáticamente.

Hay más operaciones lógicas → https://goo.gl/BWavqc, algunas de las cuales están implementadas en Python. Por ejemplo, la implicación → "Si A, entonces B". Es decir, si A es cierto, entonces el resultado de A → B es B. Pero si es falso, el resultado estaría indeterminado, por lo que este operador es, en general, ternario, expresando dos posibles resultados dependiendo si el antecedente es cierto o falso. En Python se haría así:

```
"Cierto" if True else "Falso"
'Cierto'
```

Lo cierto es que el orden de estos operadores en Python es un poco extraño. Este operador ternario, en otros lenguajes, se suele llamar simplemente *el* operador ternario, porque no hay otro. Por ejemplo, en Scala sigue el orden más o menos *natural*:

```
scala> if (true) "Que si" else "Que no"
res1: String = Que si
```

En otros lenguajes, como C#, siguen una sintaxis mucho más habitual que viene del lenguaje C original:

```
csharp> true?"Yay":"Nay"
"Yay"
```

El orden es igual que en el anterior: antes del símbolo de interrogación está la condición; si es cierta, el resultado será "Yay", si no, "Nay". Efectivamente, el resultado de la aplicación de este, o *el*, operador ternario, es el esperable.

Comparaciones no odiosas

Algunas operaciones también devuelven un valor lógico: verdadero o falso. Un número es mayor o igual que otro, por ejemplo.

```
3 < 3.5
True
```

Un número es mayor o menor que otro, o menor o igual que otro, y lo mismo sucede con las cadenas

```
"alto" < "altos"
True
```

El orden que se sigue normalmente es parecido al alfabético, pero no exactamente igual. Se denomina orden *lexicográfico*. Es más o menos como el alfabético, salvo que tiene en cuenta si se trata de minúsculas o mayúsculas, el tamaño de las cadenas y también los números.

```
"1" < "uno"
True
"menor" > "Mayor"
True
```

Desgraciadamente, al seguir el orden del alfabeto Unicode, donde los caracteres latinos como la ñ y otros caracteres están más allá de los caracteres del alfabeto inglés, también sucede que:

```
"leño" < "lesa"
False
```

La solución a esto no es demasiado simple → https://goo.gl/EfHky8. Por lo pronto simplemente conviene tratar de evitar la sorpresa cuando se usen caracteres que no sean los 23 del alfabeto inglés.

Ejercicio: Escribe una expresión que sea cierta (es decir, sea True) si un número está en un intervalo comprendido entre dos números naturales.

Para comparar si dos cosas son iguales se usa == y sirve para todo tipo de operandos.

```
"pepe" == "pepe"
True
1 == 0
False
```

La filosofía de Python → https://goo.gl/K8daJu afirma que debe haber una, y sólo una, manera de hacerlo. En este caso, tener un único operador de igualdad para cualquier tipo es la forma de lograrlo. Esa filosofía contrasta con la de otros lenguajes. JavaScript, por ejemplo, diferencia igualdad abstracta e igualdad estricta → https://goo.gl/4zHstH y tiene un operador para cada una: == e ===. El que se usen varios signos = en vez de uno solo es porque este se suele reservar para asignaciones, y es un error bastante habitual poner x = y en vez de x == y. Algunos compiladores e intérpretes, incluso, avisan en ciertas circunstancias del posible error. Son muy majetes.

Para expresar desigualdad, != es también símbolo cuasi-universal. En Python se puede usar con cualquier tipo de dato.

Ejercicio: Usando sólo los símbolos de mayor y menor y operadores lógicos (and y or), construir una expresión que sea equivalente a !=. Probar con diferentes valores que efectivamente es así.

Dos veces no es sí

Los operadores que se sitúan entre dos operandos se llaman binarios. <=, por ejemplo, es un operador binario

```
3 <= 3
True
```

Otros operadores sólo necesitan a un operando. El operador de negación, que por alguna razón recibe en casi todos los lenguaje el símbolo !, es uno de ellos. En Python, por aquello de → https://goo.gl/K8daJu que *la legibilidad cuenta*, es not

```
not True
False
```

En otros lenguajes, como Ruby, sí se puede usar el símbolo cuasi-universal del !

```
! true
```

```
1.9.3-p551 :002 > ! true
 => false
1.9.3-p551 :003 > █
```

Figura 3.1: ! en Ruby

En Python nos lo encontramos dentro de la comparación !=. ¿Por qué no se usa not? Porque *simple es mejor que complicado* → https://goo.gl/Pgr7yg y x != y es más simple que not x == y.

> *Ejercicio*: probar, usando todos los casos posibles, las leyes de De Morgan → https://goo.gl/C64w2B. ¿Cuál sería el *modo Python* de expresar una expresión de ese estilo?

Y llegados a este punto, conviene hablar otra vez de *precedencia*, es decir, orden de evaluación del los operadores. En concreto, not 0 and 1, ¿a qué es igual? ¿A (not 0) and 1? ¿O a not(0 and 1))? En general, la precedencia estará marcada por los paréntesis, luego la tendrán los operadores unarios (como - precediendo a un número) y finalmente los binarios, también por su orden. En los operadores lógicos, not > and > or, por lo que si quieres negar una expresión tendrás que ponerlo entre paréntesis.

Esto conviene tenerlo en cuenta cuando queremos crear operadores combinados, como el siguiente: En electrónica, conviene expresar las operaciones lógicas usando el mínimo número de *conectores* posibles. Y resulta que NAND, donde a NAND b == not (a and b), es suficiente para expresar absolutamente todos los operadores lógicos unarios y binarios. En este caso el paréntesis hace que se ejecute primero el a and b antes que el not; la precedencia más alta del not obliga a que se haga de esta forma.

> *Ejercicio*: expresar and, or y not usando sólo NAND y probar exhaustivamente, usando valores de True y

False, que es así.

Al final, los lenguajes de programación son lenguajes que te permiten expresar y resolver problemas. Enseñar a pensar usando ordenadores se denomina

pensamiento computacional,

y se basa en tres pilares → https://goo.gl/HzLX3R: *descomposición*, *reconocimiento de patrones* y *abstracción*.

La abstracción se basa, entre otras cosas, en saber elegir la estructura de datos adecuada para el problema con el que estamos trabajando. ¿Se trata de un número? ¿Un conjunto de números? ¿Un conjunto de caracteres? En cualquier lenguaje de programación, la estructura de datos elegida determina qué se puede hacer, eficientemente o posiblemente, con un dato determinado. Incluso el lenguaje de programación a usar, porque no todos los lenguajes pueden trabajar con todos los datos fácilmente. Por ejemplo, Python puede usar números complejos, con una parte real y otra imaginaria, como tipo de dato básico.

```
>>> 3+0.1j
3+0.1j
(3+0.1j)
>>> _**2
_**2
(8.99+0.6000000000000001j)
```

En Python, la parte imaginaria se representa, por alguna razón, por j en vez del convencional i, que es el que se usa en Ruby o en Perl6:

```
:002 > (3+4i)*(5+0.1i)
=> (14.6+20.3i)
```

A priori, es complejo pensar en algún problema "del mundo real" que use los números complejos. Pero las matemáticas son también del mundo real, y problemas como "¿Diverge la sucesión $(1+\pi i)^n$?" tendrá que comenzar por una fase de abstracción en la que se decidirá que la forma más eficiente de trabajar es usando estos números complejos. Trabajando en la línea de órdenes:

```
>>>1+3.14j

>>> _*(1+3.14j)
_*(1+3.14j)
(3.141592653589793+9.864600932271951j)
>>> _*(1+3.14j)
_*(1+3.14j)
(-27.833254273744135+19.729201864543903j)
>>> _*(1+3.14j)
_*(1+3.14j)
(-89.78294812841199-67.66721655501269j)
>>> _*(1+3.14j)
_*(1+3.14j)
(122.69211185432786-349.5856736782264j)
```

Vemos que tiene toda la pinta de diverger, así que la respuesta es que sí. El uso de números complejos venía de forma natural en este caso, y el hecho de que Python lo tenga como estructura de datos básica es un hecho afortunado, por lo que es la elección natural también. En otros lenguajes, como JavaScript, habría sido algo más complicado, teniendo que usar vectores y definir una serie de funciones de multiplicación de tales vectores al modo complejo.

La *descomposición*, por otro lado, trata de descomponer un problema monolítico en varios problemas más pequeños. Por ejemplo, descomponer un problema en una serie de operaciones básicas, todas ellas ya conocidas, que se puedan ejecutar en secuencia, en nuestro caso desde la línea de órdenes. Por ejemplo, veamos el problema de recrear todos los números del 1 al 5 usando exactamente 4 números 5, por separado o como cifras de un solo número; también como decimales. La primera descomposición es natural: hacer cada número por separado. Pero la segunda es tratar de conseguir partes de un número usando operaciones con 5s. Cero, por ejemplo, es 5-5. Uno, 5/5. Esta no es la solución a los dos primeros, pero sí para el tercero, 2 == 5/5 + 5/5. ¿Y cómo haríamos 5? Teniendo en cuenta que cualquier cosa multiplicada por 0 es cero...

> *Ejercicio*: usa sólo cuatro números 5 para reconstruir los números del 0 al 5. Si puedes, hazlo hasta el 10.

El último mecanismo, el *reconocimiento de patrones*, se aleja más de lo puramente computacional, siendo simplemente una herramienta del pensamiento crítico. Pero eso no quiere decir que no sea útil. Por ejemplo, muchas de las técnicas, o la mayoría, de las usadas en el ejercicio anterior, ¿se podrían usar con cualquier otro número, es decir, sustituyendo el 5 por el 4 o por el 7?

> *Ejercicio*: ¿Para qué números se pueden usar más o menos los mismos patrones que para el 5? ¿Funciona con el 4? ¿Funciona con el 6? Específicamente, ¿con qué resultados hay que hacer pequeños cambios para que funcione?

Como parte de la descomposición mencionada anteriormente está el hecho de que, eventualmente, toda la información que hay en un ordenador se reduce a puertas lógicas que pueden tomar un valor 0 o 1, verdad o mentira. Por eso casi todos los lenguajes de programación tienen operadores que permiten trabajar con los números

a nivel de bit.

Trabajar con números en su representación binaria muchas veces es la forma más rápida de hacer ciertas pruebas; dado que, de hecho, el número ya está en esa representación, hacer ciertas operaciones es más rápido que hacerlo de otra forma. Por ejemplo, los números pasados a binario tienen un 1 como último bit si son impares, y 0 si son pares. Para comprobar si este último bit está *encendido* (o sea, es un 1), se compara bit a bit con 1

```
33 & 1
1
```

```
30 & 1
0
```

& es el *y bit a bit*, o *bitwise and*, que toma cada bit de los dos operandos y lo compara, haciendo la operación lógica correspondiente y dando el resultado. De la misma forma se puede también
multiplicar y dividir por 2 o cualquier potencia de 2, usando los
operadores que corren a la izquierda << o derecha >> el número
de bits que le digamos.

```
333 >> 1
166
888 << 1
1776
```

Así, '<<' puede ser una forma rápida de hallar potencias de 2

```
2 << 36
137438953472
```

Hay otros dos operadores que son equivalentes a *or* y *not*, | y ~
a nivel binario. Además, el siguiente operador es bastante interesante: XOR. Se trata de un operador lógico que es 1 cuando uno
de los dos operandos es 1, pero no cuando lo son los dos, se denomina *o exclusivo* o *exclusive or*, de ahí xor. Y uno de sus usos
es para hacer *flipping*, o cambiar el valor de un bit a su contrario.
Una forma rápida de cambiar el bit *n* de un número puede ser la
siguiente:

```
32 ^ (1 << 3)
40
```

1 << 3 correspondería al número binario 100, es decir, 1 corrido tres posiciones. 32 es el número binario 10000. 32 ^ 8 es 10000 ^ 100, es decir, cambiaría el tercer bit (empezando por izquierda o derecha, da igual), que convertiría el número en el 40 que vemos.

En otros lenguajes, como Lua → https://goo.gl/7iFmk, se usan exactamente los mismos símbolos para el mismo tipo de operadores. Estos operadores, al no ser *naturales* como la suma o la resta, se prestan a la creatividad por parte de los diseñadores de los lenguajes. Por ejemplo, en Lua hallaríamos la media de 8 y 32 de esta forma:

```
> (8+32) >> 1
20
```

que, casualmente es exactamente la misma forma en la que lo haríamos en Python. El truco aquí es simplemente darse cuenta de que >> 1 es como una división entera por dos. Esto no funciona si alguno de los números es impar, pero si se trabaja sólo con enteros sería una forma muy rápida, ya que se hace directamente en el procesador usando instrucciones del mismo, de realizar esta operación.

> *Ejercicio* Usando xor, comprobar si dos números enteros tienen el mismo signo.

Es muy probable que en el ejercicio anterior hayas tenido buscar en Internet. Si lo has hecho, te habrás dado cuenta de que

todo está en StackOverflow.

Para qué vamos a engañarnos, seguro que siguiendo este tutorial o, para el caso, cualquier otro, habéis consultado una o más veces Google buscando cómo hacer algo. Un dominio ligero del inglés y una conexión a Internet es lo que hace falta para aprender prácticamente cualquier cosa, desde lenguajes a macramé. A un nivel en el que se esté comenzando en un lenguaje, todas tus preguntas tendrán cumplida respuesta, incluso si provienes de otro lenguaje de programación preguntando *equivalences of whatever thislanguage thisotherlanguage*. En muchos casos habrá también vídeos o cursos enteros, en ocasiones gratuitos, para aprender lo que uno desee.

Muchas de las respuestas van a estar en StackOverflow → https://goo.gl/Vmnf, que se inició como un sitio de preguntas y respuestas pero que eventualmente ha evolucionado en una serie de sitios de diferentes temas, desde la historia hasta la estadística pasando por LaTeX o, por supuesto, programación.

StackOverflow tiene un sistema de puntuaciones por parte de los usuarios que pone como mejor respuesta la mejor puntuada; eso te garantiza, más o menos, que vas a tener una buena respuesta, ya que además se pueden editar con el tiempo si quedan obsoletas por lo que sea. El único peligro puede ser que la respuesta esté obsoleta, pero de forma más o menos consistente sueles obtener una buena respuesta. A veces está en los foros de Reddit → https://goo.gl/pxec; Reddit tiene una serie de foros llamados *subreddits* donde se pueden postear preguntas y un sistema más o menos similar de puntuación.

Lo bueno que tienen estos sitios es precisamente esa interacción: puedes interaccionar con ellos, si te das de alta puedes, y de hecho debes, votar a las preguntas que te ayuden, aparte de a las respuestas. También editarlas, y por supuesto si en alguna puedes ayudar, aportar soluciones. Eventualmente, puedes también preguntar si tienes alguna duda, no sin antes hacer lo siguiente:

1. Buscar exhaustivamente por todo Google y el propio StackOverflow por una respuesta a esa pregunta y algunas más generales.

2. Reducir al mínimo el error o el problema que tengas. No puedes subir 200 líneas de código y esperar que alguien se las lea. Si el error está en 2 líneas, pues mucho mejor.

3. Poner de forma precisa cuál es el error: mensaje de error completo o de forma precisa qué es lo que quieres hacer y no puedes. Durante este proceso el propio StackOverflow te sugerirá otras posibilidades. Léelas con cuidado, porque es posible que esté la respuesta.

4. Una vez hecha la pregunta, difúndela por las redes sociales. Se hacen miles de preguntas en StackOverflow. Una puede pasar sin pena, gloria ni solución. La difusión ayuda.

Una vez que empieces a hacerlo, te convertirás en un verdadero experto y comprenderás el chiste que circula diciendo que los cursos de programación se van a renombrar Cortar y pegar de StackOverflow → https://goo.gl/2hkq8S. Lo cierto es que ayuda mucho desde el proceso de aprendizaje... Hasta el proceso de aprendizaje, que en programación nunca acaba.

Capítulo 4

Datos compuestos

Lo interesante de los ordenadores es la capacidad que tienen para representar cualquier tipo de dato, sea cual sea su estructura. No todos los datos son "atómicos": un número, una ristra secuencial de letras. En matemáticas existen estructuras, como las matrices y vectores, que están compuestas de datos más simples, números reales. Los árboles son estructuras de datos que son capaces de representar cosas tan diversas como un árbol genealógico o la estructura de un edificio.

Todos los lenguajes de programación, o la mayoría, son capaces de trabajar con estas estructuras, con una forma de escribirlas o sintaxis particular y unas funciones que permiten modificarlas o combinarlas. Empezaremos por las

funciones,

que especifican qué secuencia de operaciones se debe aplicar a un elemento determinado. En Python, las funciones son datos como cualquier otro, número o cadena, y se pueden definir usando lambda.

```
(lambda dato: dato*dato)(3+4j)
(-7+24j)
```

Esta función va a usar dato para referirse a los valores que se le van a pasar a la función; tras los : especifica la operación que va a realizar sobre el mismo, que es a la vez el valor que va a devolver. En este caso, multiplicará el valor por sí mismo y devolverá el resultado, o sea, el cuadrado del valor. Los primeros paréntesis, que, recordemos, sirven para agrupar operaciones, definen esta operación sin nombre; los segundos paréntesis sirven para definir el valor que se le va a pasar a la función definida. Esta función es *pura*, tal como las funciones matemáticas, en el sentido que toma un valor, aunque podrían ser varios, y devuelve otro valor. No tiene *efectos secundarios*: no cambia nada en el exterior, ni siquiera el valor de las variables sobre las que trabaja. Recibe una copia de los valores con los que la función es llamada, en lo que se denomina *paso por valor*, y devuelve otro valor. Simple y elegante.

A los lenguajes que tienen, aparte de la posibilidad de definir funciones como datos *de primera categoría*, otra serie de características, se les llama lenguajes funcionales. Python no es, en realidad, un lenguaje funcional, aunque sí permite, como se ve, definir variables de esta forma, que además es muy similar a como se hace en Ruby:

```
( -> ( dato ) { dato* dato }).call( 3+0.1i )
 => (8.99+0.60000000000000001i)
```

En este caso, -> es el símbolo que se usa, en vez de lambda, para indicar que se trata de una función; la variable implícita va rodeada por paréntesis y en vez de usar : para separar los parámetros del código, Ruby usa {} para indicar que se trata de un bloque de código. Quizás por aquello de "sencillo es mejor que anidado" → https://goo.gl/Pgr7yg. ¿Para qué *anidar* usando bloques, cuando : es capaz de separar perfectamente el código de la definición? ¿Para qué usar paréntesis para agrupar los parámetros? Finalmente, ¿por qué usar call como se hace en Ruby si con los paréntesis ya está claro que se trata de una llamada de función?

Ruby, como casi todos los lenguajes modernos, también tiene elementos funcionales, simplemente porque hoy en día es difícil trabajar en entornos de *cloud* y similares sin tener un modelo de programación que se parezca más al funcional que a otra cosa. Pero hay lenguajes funcionales, como Clojure, donde esto se ve de forma más explícita:

```
user=>
  ((fn [zipi zape] (str zipi " " zape)) "þor" "es poderoso")
"þor es poderoso"
```

Todos los lenguajes funcionales, por herencia de Lisp, tienen muchos paréntesis. Qué le vamos a hacer. La forma de trabajar también es peculiar. No separan la función de los datos a los que se van a aplicar, simplemente todo forma una *tupla* o agrupación donde el primer elemento de la tupla se va aplicando al resto de los elementos creando algo. Empecemos por la izquierda, después del segundo paréntesis abierto. Definimos una tupla con tres elementos: fn, [zipi zape] y un tercero que es a su vez una tupla con cuatro elementos, (str zipi " " zape). Este último define en sí la función que se va aplicar a zipi y zape, que son simplemente *ranuras* o *marcadores* que van a ser rellenos por lo que se le pase a la función. Pero estos tres elementos, rodeados por paréntesis, son a su vez el primer elemento de otra tupla que incluye como segundo y tercer elementos "þor" y "es poderoso". El intérprete de Clojure tomará esos dos elementos que se insertarán en los *marcadores* zipi y zape y devolverá el resultado en la siguiente línea, como se ve.

Igual que en los 90 el estilo de programación orientado a objetos se acabó imponiendo como convención incluso en los lenguajes no orientados a objetos como C, el estilo funcional es uno de los paradigmas predominantes en esta década y posiblemente al principio de la siguiente. Conviene conocer los lenguajes de programación funcionales, e intentar funcionar de forma funcional (broma totalmente intencionada) en el resto de los lenguajes. Incluso en Python.

Una función es una estructura compleja porque incluye definiciones de parámetros y también código. Pero

vectores, listas y otras estructuras secuenciales

almacenan grupos de datos que pueden tener alguna relación entre ellas. Por ejemplo

```
["A1", 4+5j, lambda dato: dato*dato ]
['A1', (4+5j), <function <lambda> at 0x7fb4cb278a60>]
```

La primera cadena puede ser una cadena única que sirva para identificar, la segunda un valor inicial, y la tercera una función que se va a aplicar repetidamente para obtener el resultado. Los tipos son diferentes, tan diferentes como se pueda ser, pero a Python le da igual. Los corchetes [] al principio y al final son los que indican que se trata de una lista y las comas separan cada elemento del siguiente.

Como todo en Python, las listas son objetos → https://goo.gl/6sXWXf. Python es un lenguaje orientado a objetos, lo que viene a significar que cuando se define algo usando una sintaxis determinada, lleva aparejada una serie de operaciones que se pueden hacer con él. A esas operaciones se puede acceder usando un . y el nombre de la función. Por ejemplo, queremos extraer el último elemento de la lista:

```
["A1", 4+5j, lambda dato: dato*dato ].pop()
<function <lambda> at 0x7fb4cb278a60>
```

devuelve `<function <lambda> at 0x7fb4cb278a60>`, la función que está, efectivamente, en la última posición. Podemos acceder a cualquiera de los elementos de la lista también usando corchetes:

```
["A1", 4+5j, lambda dato: dato*dato ][1]
(4+5j)
```

o incluso a un rango de ellos:

```
["A1", 4+5j, lambda dato: dato*dato ][0:2]
['A1', (4+5j)]
```

Sin embargo, para lo que lo hemos planteado, almacenar operaciones y valores iniciales, es posible que esta estructura no sea la más adecuada. Una vez que se han establecido los valores, lo normal es que no se alteren. Si algún valor inicial cambia, se puede crear un nuevo terceto. Es decir, puede ser conveniente que los valores sean inmutables, que no cambien. Las *tuplas* → https://goo.gl/n1JRFN representan este tipo de dato que va a ser inalterable a lo largo de su vida.

```
("A1", 4+5j, lambda dato: dato*dato )
('A1', (4+5j), <function <lambda> at 0x7faa8da8ee18>)
```

Aparentemente es igual, pero su tipo es tuple o *tupla* en vez de list. Se puede usar [] de la misma forma para acceder a elementos particulares, pero pop no va a funcionar; simplemente no tiene ese método porque una vez creada una tupla es inmutable, sólo se puede procesar y generar alguna otra cantidad. Esta distinción entre *tuplas* y *listas* es peculiar de Python, pero en casi todos los lenguajes existen estructuras de datos inmutables o mutables. De hecho, en algunos lenguajes funcionales como Clojure algunas estructuras de datos similares, las *colecciones*, son inmutables por omisión y hay que usar funciones para hacer versiones mutables. Esta sería una lista equivalente a la anterior (salvo por la ausencia de números complejos como dato base):

```
'("A1" 3 (fn [dato] (dato*dato)))
```

El ' al principio hace que la lista no se evalúe, porque toda lista, siempre, se evalúa en Clojure. Y, como se ha indicado, esa lista no se puede modificar, como las tuplas de Python, sólo puede ser evaluada o pasada a una función para que genere una nueva lista.

En los dos lenguajes y en los dos casos indicados, las listas pueden tener elementos homogéneos o heterogéneos. En muchos casos vamos a trabajar con elementos del mismo tipo, numéricos por ejemplo. Siempre que vayamos a

procesar listas

como la siguiente:

```
list(range(10))
[0, 1, 2, 3, 4, 5, 6, 7, 8, 9]
```

que es una forma de indicarle a Python que queremos un rango de valores que termina en el valor justo anterior al que le pasamos, 10. Lo que ocurre es que un range es un objeto peculiar que permite hacer ciertas cosas; nosotros necesitamos convertirlo en una lista para poder trabajar con él fácilmente. Como generador de listas de números, range es bastante flexible, pero es inmutable → https://goo.gl/itcUxJ. Por eso necesitamos convertirlo en un tipo mutable para poder trabajar con él alterándolo *in situ*.

Por ejemplo, esta expresión nos halla los números divisibles por 11 entre los 100 primeros:

```
list(filter( lambda by11: by11//11 == by11/11, range(100) )
[0, 11, 22, 33, 44, 55, 66, 77, 88, 99]
```

y lo hace aplicando un filtro, que toma como argumentos una función, que como vemos está creada a partir de una lambda, y los 100 primeros números con range. El resultado de filter es un objeto de tipo filter, pero ese objeto se convierte fácilmente en una lista simplemente usando list(), que efectivamente crea una lista a partir del objeto en el argumento, siempre que esto sea posible, claro.

> *Ejercicio*: Listar todos los números que sean potencia
> de dos entre los 1000 primeros números. ¿Se puede
> usar una técnica parecida para las potencias de tres?

Como generación de sucesiones una vez que uno tiene manera de decidir si algo pertenece o no a la sucesión está bien, pero muchas veces lo que buscamos es hacer algo con todos los elementos de una lista, para obtener como resultado otra lista diferente. Este tipo de funciones se llaman *maps*, que en realidad es el término inglés para *aplicación* en el sentido matemático: una función que se aplica a una lista para obtener otra lista diferente. Por ejemplo, vamos a representar los números en una lista usando círculos, para hacer gráficas de caracteres, por ejemplo.

```
list(map( lambda num: num*"●", [3,15,2,7,33]))
['●●●', '●●●●●●●●●●●●●●●', '●●', '●●●●●●●',
 '●●●●●●●●●●●●●●●●●●●●●●●●●●●●●●●●●●●']
```

Como en el caso anterior, map crea un objeto de ese tipo, que tenemos que convertir en lista usando list para que aparezca el resultado de una forma legible. En este caso, para generar una cadena con tantos círculos como el valor numérico que haya usamos la multiplicación, * como repetición de cadenas. En este caso el resultado es una cadena que repite la inicial tantas veces como indique el número. A este reuso de símbolos siguiendo más o menos su significado *natural* se le denomina **sobrecarga** de operadores. Un operador está *sobrecargado* cuando se puede aplicar a diferentes tipos con resultado que, siendo coherentes, son diferentes. * se puede aplicar a números enteros dando un resultado entero, a reales y enteros dando un resultado real, y a enteros y cadenas dando como resultado una cadena. Esto no quiere decir que * funcione siempre; si se trata de multiplicar por un número real, producirá un error.

```
>>> 3.4*"No"
3.4*"No"
Traceback (most recent call last):
  File "<stdin>", line 1, in <module>
TypeError: can't multiply sequence by non-int of type 'float'
```

Figura 4.1: Error con multiplicación con reales

También se pueden usar funciones ya definidas por Python. Por ejemplo, len devuelve la longitud de un objeto:

```
list(
  map(
    len,['●●●',
          '●●●●●●●●●●●●●●', '●●', '●●●●●●●',
          '●●●●●●●●●●●●●●●●●●●●●●●●●●●●●●●●●●']
  )
[3, 15, 2, 7, 33]
```

Que devolverá, de una forma retorcida, los números que había
en la lista original, tras medir el número de círculos en la cadena que es, efectivamente, el mismo. Obsérvese que el primer
argumento de map es siempre una función. Map llamará a esa
función una vez por cada elemento de la lista.

len es una de las pocas funciones de Python que están siempre
disponibles → https://goo.gl/1SgRDH. Una de las frases del Zen
de Python dice que los espacios de nombres son una gran idea →
https://goo.gl/K8daJu y que habría que usar un montón de esos.
Efectivamente, eso viene a decir que es mejor meter funciones
que no sean relativamente comunes en espacios de nombres o
módulos específicos, y dejar el espacio de nombre "nulo", o el de
funciones siempre disponibles, que no necesitan prefijo, limpio
con unas 70 funciones, muchas de las cuales son para construir
objetos y hemos visto ya, como list, map o filter.

Ejercicio: "Representar" de forma gráfica (usando caracteres) el logaritmo de las 20 primeras potencias de
dos.

Haskell → https://goo.gl/8hDku, que es un lenguaje funcional, permite aplicar también estos maps con una sintaxis relativamente directa

```
map (\rep -> concat $ replicate rep "#") [3,2,1]
["###","##","#"]
```

La definición de funciones en este caso se hace con un paréntesis. El \ inicial declara el representante de las funciones de la lista que se le va a pasar. Además, en Haskell los argumentos de la función van simplemente separados por espacios, así que `replicate rep "\#"` replica rep veces el asterisco, concat $ lo reúne en una sola cadena, y por tanto, también de una forma un tanto complicada, crea "barras" con almohadillas "#" de la longitud de los diferentes elementos de la lista que se le pasa.

Haskell, como todos los lenguajes como los que hemos trabajado, tiene un REPL que se ejecuta desde la línea de órdenes, así que quizás convenga también

aprender unas cuantas órdenes

que permiten trabajar con la misma. Estas órdenes corresponden al shell de Linux, que funciona, aunque posiblemente en una versión más antigua, en los Mac, y tienen también un equivalente en el PowerShell → https://goo.gl/LTQ7kt, la herramienta de administración libre de Microsoft. Va a haber unas cuantas cosas que necesites hacer saliendo de la comodidad de un interfaz gráfico. En muchos casos va a ser más rápido y, sobre todo, teniendo en cuenta que todas las órdenes que ejecutas se quedan almacenadas en la historia del intérprete, mucho más repetibles. Ya hemos visto anteriormente cómo navegar por la línea de órdenes, ahora algunas órdenes útiles que funcionan en todos los intérpretes:

- grep busca en ficheros. Es muy útil para ver, por ejemplo, dónde se ha usado alguna función y copiar/pegarla a un nuevo lugar, que es como se avanza el tema. grep str *.md usa además el comodín *, que se refiere a cualquier cadena de caracteres de cualquier longitud. En este caso, buscaría la cadena str en todos los ficheros con la extensión md. Se pueden buscar también frases, grep "TypeError: must" * buscará exactamente esa frase; la única diferencia con el caso anterior es que rodeamos la cadena que se busca con comillas para que se busque íntegra.

- Se pueden crear directorios con mkdir y borrarse con rmdir.

- La orden find también es muy útil. Tratamos de buscar el directorio donde metimos el dichoso fichero de Python, pues find   . -name *.py -print. En realidad en PowerShell sólo busca en el directorio actual, pero en Linux descenderá por todos los directorios a partir de ., el directorio actual.

- ls lista todos los ficheros y directorios del directorio actual, incluyendo . y .., y ls -alt los muestra con permisos y los ordena por fecha de modificación.

DuckDuckGo, el buscador para programadores, te da una chuleta de shell → https://goo.gl/wXaSGB directamente a la hora de bus-

```
PS /home/jmerelo/Libros/1line-py> ls -alt
total 80
drwxrwxr-x  2 jmerelo jmerelo  4096 jul  1 19:48 txt
drwxrwxr-x  9 jmerelo jmerelo  4096 jul  1 19:11 .git
drwxrwxr-x  7 jmerelo jmerelo  4096 jul  1 18:14 .
-rw-rw-r--  1 jmerelo jmerelo  1493 jul  1 18:14 README.md
-rw-rw-r--  1 jmerelo jmerelo  1181 jul  1 08:30 .gitignore
-rwxrwxr-x  1 jmerelo jmerelo   346 jul  1 08:30 md2pdf
drwxrwxr-x  2 jmerelo jmerelo  4096 jul  1 08:30 utils
drwxrwxr-x  2 jmerelo jmerelo  4096 jun 29 19:03 img
drwxrwxr-x  2 jmerelo jmerelo  4096 jun 17 13:22 code
-rw-rw-r--  1 jmerelo jmerelo   666 jun 17 12:24 .travis.yml
-rw-rw-r--  1 jmerelo jmerelo 35141 jun 17 11:45 LICENSE
drwxrwxr-x 21 jmerelo jmerelo  4096 jun 17 11:45 ..
```

Figura 4.2: ls -alt en PowerShell

car, también de PowerShell → https://goo.gl/yx6GUu. La puedes
tener como referencia a si quieres saber cómo se hace cualquier
otra cosa. Los dos shells son muy potentes, y permiten crear
programas potentes y expresivos. Conocerlos bien es un gran
complemento al uso de cualquier lenguaje de programación.

Capítulo 5

Dando nombre a las cosas

En los lenguajes de programación hay tantos objetos que hay que dividir el espacio de todos los nombres posibles para poder usar nombres cortos y razonables, siempre que tengan un prefijo que aclare el contexto. A estos prefijos se les llama *espacios de nombres* o *namespaces*, y suelen estar definidos en módulos, ficheros que contienen funciones relacionadas, a veces con una estructura que permite crear objetos de ese tipo.

Los espacios de nombres, precisamente, preceden a los identificadores. Ya hemos visto algunos de estos, los que se usan para designar a las funciones. Pero ya va siendo hora de que conozcamos a nuestras amigas

las variables,

que almacenan objetos que vamos a usar más adelante; permiten hacer expresiones más claras y concisas y no tener que recalcular continuamente valores. Ya hemos visto una, _, que almacena el último valor calculado en el intérprete. También otras variables como las que se usan en expresiones lambda, que más que para almacenar sirven para representar valores que se le pasan a una expresión, aunque tienen la misma forma sean para representar o para almacenar.

El asunto de darle nombre a un objeto o expresión no es baladí → https://goo.gl/2FO8K5. Aunque se pueden usar mayúsculas o minúsculas combinadas con _, se aconseja no usar ni l ni 0 ni I porque seguro que habéis tenido que estar un momento pensando si se trata de un 0 o de un 1. El _ es una forma conveniente de separar palabras en una variable, sustituyendo al espacio, de forma que se preferirá es_primo a esPrimo. Esta última convención se suele denominar *CamelCase* y conviene evitarla por diversas razones → https://goo.gl/mlX2e.

Las variables deben ser también descriptivas, como la siguiente:

```
cifras_de = lambda numero: len(str(numero))
potencias_de_2
    = map( lambda num: 2**num, range(20))
list(map( cifras_de, potencias_de_2 ))
```

Estas definiciones, aparte de cumplir el hecho de que la legibilidad cuenta → https://goo.gl/K8daJu, también usa un map sin convertirlo en lista previamente; efectivamente, map se puede aplicar a secuencias de diferente tipo → https://goo.gl/CwFPSJ. Finalmente convertimos el resultado a list por legibilidad. En este caso lo que estamos haciendo es hallar las cifras de una serie compuesta por las 20 primeras potencias de dos. Para hallar las cifras de un número lo convertimos a una cadena con str y a continuación hallamos la longitud de esa cadena con len.

Trabajando con el REPL, las variables definidas se quedan en el mismo hasta que terminemos, y podemos usarlas en cálculos más adelante. Y, evidentemente, igual que las constantes que hemos venido usando, y como se ha visto al principio, tienen un tipo que se les asigna automáticamente.

```
type(potencias_de_2)
<class 'map'>
```

Sin embargo, Python es un lenguaje de tipado dinámico:

```
potencias_de_2=(2,4,8,16,32)
type(potencias_de_2)
<class 'tuple'>
```

En el momento que se le vuelva a asignar un valor a la variable, el tipo cambia. En este caso se tratará de una *tupla*, que es también una secuencia y por tanto se le puede aplicar la función map anterior, pero en este caso una tupla es *inmutable*.

```
potencias_de_2.insert(64)
Traceback (most recent call last):
  File "<stdin>", line 1, in <module>
```

```
AttributeError:
    'tuple' object has no attribute 'insert'
```

Sin embargo, se puede hacer:

```
potencias_de_2 = list( potencias_de_2)
potencias_de_2.insert(len(potencias_de_2),64)
```

cambiando el tipo y reasignándoselo a la misma variable, y finalmente, para recuperar el valor de una variable, simplemente se escribe su nombre en el REPL:

```
potencias_de_2
[2, 4, 8, 16, 32, 64]
```

donde se puede ver que, al tratarse de una lista y no una tupla, usa los corchetes y no los paréntesis.

> *Ejercicio*: Calcular los múltiplos de 3 entre los 100 primeros números naturales. ¿Qué tipo de estructura de datos podemos usar? ¿Cómo se averigua, con un test simple, si es un múltiplo de tres? ¿Se puede modificar la secuencia de operaciones anterior para detectar múltiplos de 9?

Seguramente se te habrán ocurrido varias formas de hacer lo anterior. Una más directa, parecida a como se ha hecho antes, alguna menos directa. A calcular cuanto tiempo se tarda en realizar una operación se le llama hacer *benchmarking* y todos los lenguajes de programación vienen preparados para ello. Veremos como

medir la velocidad en Python.

Pero primero vamos a ver cómo trabajar con Python desde la línea de órdenes. Cuando trabajamos en el REPL, se trata de un bucle en el que la P significa "imprimir", por lo que no nos tenemos que preocupar de eso; sin embargo, cuando tratamos de ejecutarlo desde la línea de órdenes del sistema, símbolo del sistema o como lo llames de forma habitual, siempre tendrá que estar envuelto en una orden print:

```python
python -c \
  "print(list(map(lambda n: n/2 == n//2, \
  range(1000))))"
```

Eso va a lanzar a la pantalla una buena cantidad de Trues y Falses así que es mejor que los separemos con retornos de carro, es decir, un carácter que ponga cada resultado en una línea

```python
python -c \
  "print('\n'.join(map(lambda n: str( n/2 == n//2 ), \
  range(1000))))"
```

donde usamos join, un método de str al que se le pasa una secuencia de cadenas; por eso hemos modificado ligeramente el lambda para que el resultado de la prueba se pase a una cadena con str. De hecho, en este programa definimos la función lambda para todos y cada uno de los elementos del range. No demasiado bueno. Vamos a *sacarlo fuera del bucle*, y definirlo una sola vez:

```python
python -c \
  "es_par = lambda n: str(n/2 == n//2); \
```

```
print('\n'.join(map(es_par, range(1000))))"
```

Hemos definido la función es_par, pero ahora nos encontramos con dos órdenes seguidas. Para que el intérprete lo entienda, las separamos con punto y coma. En Python se pueden separar todas las sentencias con ;, pero realmente sólo es necesario cuando están en la misma línea, como se verá más adelante.

Ahora cabría pensar si merece realmente la pena hacer esto. Es ligeramente más legible, lo que *está bien* desde el punto de vista de Python, pero ¿ganamos algo de velocidad?

Una forma de hacerlo es mediante el módulo timeit. Los módulos son *espacios de nombres*, el sentido que crean un prefijo para las funciones que incluyen. Tampoco se "cargan" por omisión, con lo que no ocupan memoria; hay que cargarlos explícitamente. Python es minimalista en el número de funciones que incluye, así que en este caso tenemos que trabajar con este módulo, que afortunadamente es uno de los incluidos en el *core*, o entre los ficheros que se distribuyen de forma habitual con el intérprete de Python. timeit hace un *benchmark*, ejecutando una serie de órdenes repetidamente y dándonos la temporización. Y lo podemos usar directamente desde la línea de órdenes, de la forma siguiente:

```
python -m timeit -s \
  "print('\n'.join(map(lambda n: str( n/2 == n//2 ),
  range(1000))))"
```

lo que ejecutará el programa; con -m se le indica el nombre del módulo que estamos importando y con -s, que significa *setup*, lo que vamos a ejecutar. Finalmente dará un resultado de este estilo:

```
100000000 loops, best of 3: 0.00571 usec per loop
```

Podríamos, en principio, usarlo así para ver qué es más conveniente, si una u otra forma. Aunque a priori cabría pensar que la forma en la que no se crea una función cada vez que se ejecuta un bucle es más rápida, ejecutando eso nos va a dar más o menos el mismo resultado, que de hecho es el resultado que se obtiene prácticamente para todo. En este caso, para funciones tan simples, no resulta realmente demasiado útil.

Probaremos desde el REPL, a ver si obtenemos algo más razonable. Importamos el módulo y la función del mismo que necesitamos.

```
from timeit import timeit
```

Y vamos a medir las dos formas (incluyo \ para indicar continuación de la línea, puede teclearse en la misma línea si es necesario):

```
timeit(setup="map(lambda n: str( n/2 == n//2 ),
  range(1000))")
0.006306399000095553
timeit(setup="es_par = lambda n: str(n/2 == n//2);
  map(es_par, range(1000))")
0.006795324999984587
```

La diferencia parece no ser demasiado grande, y lo que esperábamos que fuera más rápido, la segunda forma, es en realidad más lento. Pero algo importante en la medición es que las cosas no tienen por qué ser de la misma forma para todos los valores. Multipliquemos por 10 el número de elementos:

```
timeit(setup="es_par = lambda n: str(n/2 == n//2);
  map(es_par, range(10000))")
0.006140023999250843
timeit(setup="map(lambda n: str( n/2 == n//2 ),
  range(10000))")
0.008905056998628424
```

El panorama cambia bastante, con la primera forma, como era de esperar, un 25% más rápido. Al empezar a usar números más grandes, sí importa el número de veces que se define. Incluso podemos probar otro test de *paridad*

```
timeit(setup="es_par =
  lambda n: str(n^1 == 0);
  map(es_par, range(10000))")
0.006006274999890593
```

que es un poquitín más rápido... En todo caso conviene repetir varias veces las operaciones. Estas operaciones son tan rápidas que realmente no merece la pena optimizar mucho salvo que se ejecuten miles de millones de veces. La optimización prematura es la madre de todos los vicios, y como ahora es mejor que nunca → https://goo.gl/K8daJu, tener código suficientemente rápido y legible es mejor que buscar, hasta el infinito y más allá, otra manera de hacer que sea un 10% más rápido. Una vez más, si ésta no es una función crítica donde el sistema pasa el 90% del tiempo no vale la pena optimizar.

En muchos casos, la mejor forma de optimizar es simplemente plantear algoritmos de otra forma. Por ejemplo, usando

recursión.

Se habla de recursión cuando una función se llama a sí misma. En programación funcional, resolver un problema usando recursión es la forma *normal* de hacer las cosas, suplantando la repetición. Uno de los principios de este tipo de programación es que las funcionen no tienen efectos secundarios; con la recursión se consigue *pasar* el estado como parámetro de una función sin tener que *guardarlo* en ningún momento.

En general, las funciones recursivas trabajan de la forma siguiente. Se compara el parámetro con el que marca el final de la recursión, que pueden ser uno o varios. Si es así, se devuelve el resultado. Si no, se llama a la función de nuevo con el parámetro procesado de alguna forma. Cuando se llega al final, se deshace la recursión y se devuelve el resultado.

La recursión funciona gracias a una estructura llamada *pila* o *stack*. Una pila es una lista en la cual hay definidas sólo dos operaciones: añadir al final de la pila y extraer el último elemento añadido. Realmente, no existen las pilas en Python, pero podemos usar las listas, que son estructuras mutables, para ello

```
>>> fibonacci = [1,1,2,3]
```

```
fibonacci = [1,1,2,3]
>>> fibonacci.append(5)
fibonacci.append(5)
>>> fibonacci.pop()
fibonacci.pop()
5
>>> fibonacci
fibonacci
[1, 1, 2, 3]
```

Cuando usamos una función que se llama a sí misma o recursiva, estamos haciendo esto, en realidad; sólo que es el propio lenguaje el que se encarga de llenar y posteriormente vaciar la pila. Así que vamos a crear una función de este tipo para averiguar si una cifra es múltiplo de tres lo que, recordando aritmética de primaria, resulta de sumar las cifras repetidamente hasta que resulta una sola, en cuyo caso será múltiplo de tres si la cifra resultante es 3 o 9.

```
suma_cifras = lambda n:  sum(map(int,list(str(n))))
def is_multiple_of_3(n):
  sum = suma_cifras(n);
  return is_multiple_of_3(sum)
    if (sum >= 10)
    else (True  if (sum==3) or (sum==9)
        else False)
```

Tenemos también dos formas diferentes de definir funciones. Primero, usando lambda. Para sumar las cifras tenemos que convertir primero el número en una cadena con str, luego la cadena en una lista de caracteres que representan cifras, pero que tendremos que volver a convertir en números para poder sumarlos. Una vez más, se hace uso de dos técnicas de pensamiento computacional: buscar la representación adecuada para los datos, y crear la división de una operación en tres pasos (y eso en una sola línea).

La recursividad se usa en la siguiente línea. Y es aquí donde tenemos que usar la forma tradicional de definir funciones de Python: def, porque con el uso de lambda no se permite recursión. En todo caso, es una forma más compacta de definir la función; lambda se usa generalmente para funciones a las que no se le quiere asignar un nombre, así que asignarle un nombre viene a ser un contrasentido; úsese sólo en caso de que sea más fácil de comprender que la forma alternativa o se pueda definir en una sola línea. Tras el nombre de la función is_multiple_of_3 ponemos entre paréntesis el parámetro que vamos a usar en la misma y, como anteriormente, órdenes separadas por ;.

La primera halla la suma de las cifras. La segunda usa la construcción Resultado if cierto else lo que sea. Lo usa de forma anidada, lo que vuelve a contravenir, igual que la definición de la función en una sola línea, la guía de estilo que desanima el uso de sentencias compuestas → https://goo.gl/lFVmBf, pero lo práctico le gana a la pureza → https://goo.gl/Pgr7yg y estamos tratando de condensar todo el Python posible en una sola línea, así que se perdona esta pequeña digresión, sobre todo porque la recursión queda más evidente. Si tiene más de una cifra (mayor que 10), se sigue aplicando de forma recursiva. Si no, ya podemos comprobar si es o no múltiplo de 3: ¿es 3 o 9? Se devuelve True; o False en caso contrario. El return al principio de la llamada recursiva es el que finalmente recoge el resultado. Al trabajar en el REPL habrá que pulsar ☐ para indicar que termina ahí.

> *Ejercicio*: usar una función recursiva para calcular el factorial de un número. ¿Habría alguna otra forma de hacerlo? ¿Cuál es más rápida para números pequeños? ¿Y para números más grandotes?

Podemos usar también recursión para calcular elementos de una sucesión que se defina de forma recursiva. En algunos lenguajes hay formas más compactas de hacerlo, por ejemplo en Groovy → https://goo.gl/BleuzB definiríamos de esta forma el n-ésimo elemento de la sucesión de Fibonacci

```
def fib(n) {n<2 ? 1 : fib(n-1)+fib(n-2)}
```

que usaría la suma de los dos elementos anteriores para calcular el elemento enésimo, y el operador ternario ?:, que está presente en la mayoría de los lenguajes y que es similar al if-else en una sola línea de Python, con ? equivalente a if y : a else, aunque en otro orden: la comparación no es el segundo elemento, sino el primero. En este caso, si n es menor que dos se devuelve uno, si no se hace una llamada a la función sumando los dos elementos anteriores.

> *Ejercicio*: usando una función recursiva equivalente a la anterior en Python, calcular los 20 primeros elementos de la sucesión de Fibonacci. ¿Hasta que número es más o menos razonable hacerlo de esta forma?

Te estarás preguntando si todas estas líneas son solo bytes, y se perderán como lágrimas en la lluvia cuando se apague el ordenador. Pues sí, pero no tiene por qué ser así si usas

GitHub

Ya te indicamos al principio de todo que era un buen momento para registrarse en GitHub, pero ibas muy liada y no nos hiciste caso. Vale, pues ahora *sí* que lo es, porque lo vamos a usar para publicar todas estas líneas que vas elaborando como ejercicios y poder enseñárselas al profe y al ancho mundo.

GitHub → https://goo.gl/un5E es un portal de desarrollo colaborativo de software que usa `git` como herramienta de control de fuentes. Aunque siempre es buen momento de aprender git → http://amzn.to/2uuz27h, por lo pronto apenas si usamos ficheros, así que vamos a usar una de las funciones de este sitio, los llamados *gists* → https://goo.gl/rLfM, donde se pueden alojar desde textos a pequeños trozos de programa explicados, como los que podéis estar haciendo en este curso o siguiendo este manual.

Se puede usar eligiendo un nombre de fichero y copiando y pegando el contenido en el sitio correspondiente; el fichero se puede comentar usando el formato de comentarios del lenguaje correspondiente, por ejemplo, comenzando la línea con # en Python (y para el caso, también en Perl y Ruby).

> *Ejercicio*: subir a gist.github.com alguno de los ejercicios creados anteriormente, usando comentarios para

explicarlo. Difundirlo también por Twitter, con la etiqueta #1linepy, enlazándolo.

Por otra parte, también se pueden incluir en un repositorio de GitHub normal, que es el nombre que reciben los proyectos. Los repositorios públicos son gratuitos en GitHub, y crearlo es tan fácil como elegir una licencia, el lenguaje que se va a usar y crear un fichero README.md.

El fichero README.md está en un lenguaje de marcas simplificado llamado Markdown → https://goo.gl/rzxrY, como, por otra parte, está escrito este mismo manual. Sin necesidad de saber HTML, el lenguaje de las páginas web, y con marcas simples como # para un titular de primer orden o rodear una palabra con ** para indicar que va a estar en cursiva, se pueden crear páginas con una tipografía adecuada, con inclusión de código, incluso tablas y algunas cosas más avanzadas, sin necesidad de usar lenguajes más complejos como HTML o un procesador de textos. Usando programas como pandoc o, en muchos casos, directamente incluido en el editor, se puede generar HTML o incluso PDF a partir del original. Las marcas son fáciles de recordar, y GitHub tiene un *sabor* especial → https://goo.gl/oFpHoI, que se puede usar dentro de sus páginas. Cualquier fichero en Markdown incluido en un repositorio GitHub aparecerá convertido a HTML y con la apariencia que corresponda a las marcas incluidas.

> *Ejercicio*: Alternativamente a los gist, crear un repositorio en GitHub con los ejercicios, cada uno en un fichero correspondiente, y con un enlace y explicación en el README.md creado. Una vez más, difundir por Twitter

con #1linepy

Realmente va a ser conveniente que usemos este tipo de repositorios cuando trabajemos con estructuras de datos más, complejas, como los

conjuntos y diccionarios.

Comencemos con los que se denominan *diccionarios*, aunque en otros lenguajes se les llama *arrays* asociativos o tablas *hash*. Los diccionarios están compuestos por pares clave-valor; la clave es una cadena, el valor puede ser cualquier cosa.

```
juego = { 'jugador'    :'Johnny',
          'mano'       : ['5♠','Q♣','8♥'],
          'estrategia': lambda mano: min(mano) }
```

Esta variable contiene información sobre una mano de brisca → https://goo.gl/PMydT1 de un jugador, el Johnny, cuya estrategia está representada por una función estrategia que siempre saca el mínimo de todas las cartas. No es una buena estrategia, pero una mejor no cabría en esa línea. El formateo se ha incluido simplemente para que sea un poco más visible, pero no tiene ninguna importancia en la sintaxis. En este caso.

De la misma forma que en las listas se accede al contenido iterando de elemento en elemento, en este caso accederemos por la clave para cada contenido: juego['jugador'] nos devolverá 'Johnny', e igual con el resto de elementos del diccionario.

Se puede considerar un diccionario una lista en la que cada elemento es un par clave, valor. De hecho, el método `items` → https://goo.gl/RWq2ZE de la clase te los representa de esa forma:

```
juego.items()
dict_items([('jugador', 'Johnny'), \
  ('mano', ['5♠', 'Q♣', '8♥']), \
  ('estrategia', <function <lambda> at 0x7fcd3e298a60>)])
```

Evidentemente, los diccionarios son, exactamente igual que cualquier otro objeto en Python, *representantes* o, de forma más precisa, *instancias* de una clase, y por eso sólo por el hecho de ser creados de una forma determinada tienen una serie de métodos que se pueden usar sobre ellos. En este caso incluyen datos y también una función que se puede aplicar sobre los mismos, así que podemos definir funciones de esta forma:

```
def juega( mano ):
    return mano['estrategia'](mano['mano'])
```

que directamente aplicaría la "estrategia" que hayamos decidido, y que está incluida en la estructura de datos, a la mano que cada jugador tenga. Nota que debe haber una línea en blanco para que el intérprete sepa que se ha acabado la definición de la función. En este caso:

```
from random import random
juego_ricky = {
  'jugador'    :'Ricky',
  'mano'       : ['3♠','4♣','A♥'],
```

```
'estrategia':
    lambda mano: mano[int(random()*len(mano))] }

juega(juego_ricky)
'3♠'
juega(juego_ricky)
'A♥'
```

Como hay un `random()` en la estrategia, la carta resultante será una aleatoria de entre las que Ricky tenga en su mano.

> *Ejercicio*: diseñar una estructura de datos para sucesiones matemáticas que contenga el nombre de la sucesión, el elemento inicial, y la función para calcular el siguiente elemento. Diseñar también una función que efectivamente calcule el siguiente elemento a partir del valor inicial.

En general, todos los lenguajes de programación que no son dinosaurios como el C suelen tener esta estructura de datos. Incluso lenguajes específicos de dominio como el que incluye PowerShell. Este script, por ejemplo, define una tabla hash o diccionario:

```
$juego_ricky = @{ "jugador" = "Ricky";
                  "mano" = @("3♠","4♣","A♥")}
$juego_ricky
```

Que resulta en algo así en PowerShell:

En vez de usar directamente los corchetes para recuperar el valor asociado a una clave, PowerShell usa `Get-Item`:

```
PS /home/jmerelo/Libros/1line-py/code> ./hash.ps1

Name                              Value
----                              -----
mano                              {3♠, 4♣, A♥}
jugador                           Ricky
```

Figura 5.1: Hash en PowerShell

```
PS /home/jmerelo/Libros/1line-py/code> $juego_ricky = @{ "jugador" ="Ricky"; "mano" = @("3♠","4♣","A♥")}
PS /home/jmerelo/Libros/1line-py/code> $juego_ricky.Get_Item('mano')
3♠
4♣
A♥
```

Figura 5.2: Recuperando el valor

Sobre la estructura de datos anterior, podríamos preguntarnos
si realmente hace falta que la mano de cartas esté en una lista.
Una lista está ordenada, tiene un primer elemento y un último y
el resto tiene un elemento delante y otro detrás. Una mano de
cartas no tiene por qué estarlo. Son diferentes elementos que
se pueden ordenar como uno quiera, o de ninguna manera. ¿Por
qué no usar un conjunto? Los conjuntos o sets en Python se ca-
racterizan precisamente por no estar ordenados:

mano_ricky= set(['3♠','4♣','A♥'])

En este caso hay que usar una palabra clave set para aclarar
que se trata de este tipo de estructura de datos, pero también
podríamos haber usado llaves, exactamente igual que con los
diccionarios. Se puede comprobar si un elemento pertenece o
no a un conjunto:

```
'3♠' in mano_ricky
True
```

> *Ejercicio*: generar una baraja de cartas y una función
> que extraiga una mano de 3 cartas de ella.

Para manejar conjuntos en Python, éste nos provee de las operaciones típicas en ellos → https://goo.gl/W7G2JY. Por ejemplo, si Ricky sospecha que Johnny se ha sacado una carta de la manga, hallará la intersección entre las dos manos para ver si hay alguna repetida:

```
mano_johnny= set( ['7♣', '7♥', '7♦'] )
mano_johnny.intersection(mano_ricky)
set()
```

que devuelve, afortunadamente, un conjunto vacío, permitiendo que sigan pacíficamente con su juego, su Bourbon y sus pretzels. Ahora Johnny juega el 7 de corazones:

```
mano_johnny - {'7♦'}
{'7♥', '7♣'}
```

Ricky juega el 3♠, que es muestra, así que se lleva la mano. Como los dos tienen ahora dos cartas, tienen que coger del mazo:

```
from random import choice
mano_johnny = mano_johnny | { choice(baraja) }
```

Una vez más, usamos una función del módulo *random* que elige un elemento de un conjunto de cosas, en este caso una baraja. De hecho, siendo la brisca habría sido mucho mejor hacerlo así

```
mano_johnny = mano_johnny | { baraja.pop() }
```

porque el mazo es un ejemplo de pila, ya que sólo se puede to-
mar la carta superior, que es lo que se hace con pop. Usando |,
que representa en este caso la unión entre conjuntos, se genera
un conjunto de un solo elemento, como arriba, poniendo llaves
alrededor y se une a la mano de Johnny. Ha sido un 10♦, eso es
suerte, aunque como dicen en *The Gambler*,

> Cada mano es ganadora, cada mano es perdedora.

Concluyendo

Tenemos una serie de estructuras de datos más con las trabajar y
representar una serie de problemas, sean listas, datos que no son
homogéneos y a los que se le puede asignar un significado para
mejorar su comprensión y tratamiento, incluso conjuntos para
representar aquellos grupos de objetos que no tengan ninguna
relación entre sí más que la igualdad de su pertenencia al mismo
grupo.

Todos los objetos tienen sus propias operaciones, y amplían la capacidad de abstracción de los problemas que se pueden resolver.
Como dicen también en *The Gambler*,

> Si quieres jugar al juego, debes aprender a jugar bien.

En este caso, debes aprender cómo trabajar con las diferentes
estructuras de datos y cuál es la más adecuada en cada caso. Y
en caso de duda, mide tiempos y sigue el Zen de Python.

Capítulo 6

Pilas no incluidas

El enfoque minimalista de Python hace que sólo haya disponibles en el espacio de nombres principal, es decir, sin prefijos, una serie de funciones, menos de 100. Ya hemos visto otras funciones, timeit y random que, aunque no estén *cargadas* por defecto, sí se pueden usar directamente siempre que las importemos en nuestro espacio de nombres.

Afortunadamente, el hecho de que Python sea software libre hace que se cree todo un ecosistema alrededor del mismo, con funciones que no están incluidos en el lenguaje, pero que añaden funcionalidad al mismo. Estos módulos generalmente están o en un repositorio, o referenciados en un directorio central de forma que se especifica desde dónde se descargan y qué otras dependencias tienen que cargarse antes de ser instalados.

En el caso de Python3, pip3 es la herramienta que se usa. Se instala junto con el intérprete, y permite tanto buscar, como instalar, como actualizar *in situ*

Vamos a usarla para trabajar con

bpython

bpython es un intérprete alternativo de Python que permite trabajar de forma más agradable, con una serie de *goodies* como sintaxis coloreada, completado automático de órdenes y variables, y también información interactiva. Vamos a instalarlo con

```
pip3 install bpython
```

Se ejecuta usando bpython desde la línea de órdenes y el resultado es algo así:

Entre otras cosas, este *shell* nos ayuda a insertar fácilmente los métodos de un objeto determinado simplemente añadiendo un . al final del objeto: aparecen todos los métodos que tiene. En el caso de la baraja que hemos mostrado en la imagen anterior, nos mostrará una serie de métodos que podemos seleccionar pulsando el tabulador; cuando seleccionamos uno y añadimos un paréntesis, bpython nos explicará cuales son los parámetros que toma esta función, lo que nos ahorra bastantes viajes a StackOverflow.

Vamos a usar a partir de ahora bpython para el resto del capítulo, y posiblemente del libro, así que conviene que esté convenientemente instalado a partir de este momento. Adicionalmente, eso significará que tienes permisos para instalarte cosas, sin el cual el resto del capítulo tampoco va a tener mucho sentido.

Pero es posible que no tengas acceso a ningún ordenador de forma permanente. Estos tiempos bárbaros en los que la gente tiene acceso a cientos de ordenadores, pero ninguno de ellos tiene teclado o acceso de administrador, crean esas cosas. Así que nos tendremos que trasladar a

la nube.

En una primera, y quizás mala, aproximación, la nube son recursos administrados por empresas que se pueden usar pagando sólo por el uso que se les da. Pero para lo que nos ocupa, son ordenadores que podemos usar desde cualquier navegador u ordenador y que en muchos casos se pueden usar de forma limitada gratis; por ejemplo, por un mes o siempre que el consumo de recursos no exceda una cantidad determinada.

Aunque las empresas que proveen la gama completa de soluciones en la nube es relativamente pequeña, una de las que nos puede proporcionar una cierta cantidad de recursos por valor de 50$ y por un mes es Azure de Microsoft → https://goo.gl/ypFLc. No necesita ningún tipo de tarjeta de crédito para darse de alta en la evaluación gratuita, pero si estás en un centro de enseñanza es posible que tengan créditos gratis.

También para experimentar puedes usar el sitio de programación colaborativa Cloud9 → https://goo.gl/XFXDt; que permite acceder a una línea de órdenes desde el navegador, lo que nos permitirá trabajar con ella fácilmente, aunque sea por un tiempo limitado. Te puedes dar de alta, eso sí con una tarjeta de crédito, y usando tu ID de GitHub. Una vez dado de alta, se crea un *workspace* en Python con el nombre que uno quiera y automáticamente, con los ficheros y demás, aparece abajo una terminal desde la que se puede ejecutar el REPL de python y alguna cosa más. Se usa

```
pip3 install bpython
```

por ejemplo, para instalar el CLI con el que vamos a trabajar en la versión 3 de Python, que es la que hemos usado a lo largo de todo este libro.

El sistema de ficheros que se usa en Cloud9 es persistente, así que también puede ser útil para dejarlos de forma permanente; únicamente los ficheros con los que se trabaja son públicos. Puedes crear también espacios privados y compartirlos con otros usuarios, de forma que se puede trabajar colaborativamente sobre el mismo proyecto e incluso el mismo fichero. Usar Cloud9 sólo como un sitio con una CPU gratuita es no aprovechar todas sus posibilidades, pero también es cierto que introduciéndolo de esta forma se puede ir aprendiendo, poco a poco, todo lo que ofrece.

En sitios como Azure, Amazon o Google Compute Engine, sí puedes crear máquinas virtuales completas. En Azure se pueden buscar máquinas virtuales que tengan alguna característica determinada, como Python + Linux y aparecen unas cuantas, sobre todo enfocadas a ciencia de datos; también se pueden instalar directamente máquinas como Ubuntu Server o Red Hat Enterprise Linux; cualquiera de ellos incluye Python como herramientas por defecto.

Sin embargo, no es necesario ni siquiera instanciar una máquina virtual para trabajar con Python desde el navegador. Desde mayo de 2017, Azure incluye el *Cloud Shell*, un intérprete Linux en el navegador que, aunque sirve esencialmente para poder crear scripts de Azure, también tiene un usuario Linux con el que se puede trabajar. No hay, sin embargo, acceso a super usuario, por lo que tenemos dos opciones:

* Instalarlo como usuario, con lo que habrá que usar

```
pip3 install --user bpython
```

y posteriormente añadir

```
export PATH=$PATH:~/.local/bin
```

desde el shell para que se pueda usar directamente, o bien, como se ha indicado en el primer capítulo,

- instalar pyenv para tener la versión de Python que se desee. bpython en esta instalación irá así:

```
Bash  ∨   ↻   ?   ☺     Azure CLI Documentation
Collecting blessings>=1.5 (from curtsies>=0.1.18->bpython)
Requirement already satisfied: wcwidth>=0.1.4 in /usr/local/lib/python3.5/
Requirement already satisfied: certifi>=2017.4.17 in /usr/local/lib/python
Requirement already satisfied: urllib3<1.22,>=1.21.1 in /usr/local/lib/py
Requirement already satisfied: idna<2.6,>=2.5 in /usr/local/lib/python3.5/
Requirement already satisfied: chardet<3.1.0,>=3.0.2 in /usr/local/lib/py
Installing collected packages: blessings, curtsies, greenlet, bpython
Successfully installed blessings-1.6 bpython-0.16 curtsies-0.2.11 greenle
b361792c-df8e-42c9-8a5b-a96475d1@Azure:~$ bpython
bash: bpython: command not found
b361792c-df8e-42c9-8a5b-a96475d1@Azure:~$ find . -name bpython -print
./.local/bin/bpython
./.local/lib/python3.5/site-packages/bpython
b361792c-df8e-42c9-8a5b-a96475d1@Azure:~$ export PATH=$PATH:~/.local/bin
b361792c-df8e-42c9-8a5b-a96475d1@Azure:~$ bpython
bpython version 0.16 on top of Python 3.5.2 /usr/bin/python3
>>> juego = { 'jugador'    :'Johnny',
...           'mano'       : ['5♠','Q♠','8♥'],
...    'estrategia': lambda mano: min(mano) }
>>> juego.1
items
```

Figura 6.1: bpython en Azure

Este *cloud shell* se desactiva y se borra a los 10 minutos de inactividad. Si realmente quieres conservar lo creado, o la historia, es mejor que uses una máquina virtual real, que tendrás que recordar apagar al final de cada sesión, porque todo consume y el crédito gratuito que se obtiene no es mucho.

Ya no tienes excusa para empezar a trabajar con bpython en la nube o donde sea. Así que vamos a ver el

Python más funcional

en el sentido de la palabra: cómo trabajar con diferentes estructuras de datos siguiendo, dentro de lo posible, los preceptos de la programación funcional → https://goo.gl/55SEbs. Dos tipos de métodos son los más usados en este área: los iteradores y los operadores sobre listas, incluyendo lo que se denomina *list comprehension*. Los primeros se dejan para más adelante, pero los segundos son tremendamente potentes y nos interesa usarlos aquí. Ya hemos visto algunos, map y filter.

A estos podemos añadir zip, que junto con sorted nos puede ayudar a comparar dos manos de cartas:

```
list(
  zip(
    sorted(['3♠','4♣','A♥']),
    sorted(['7♣', '7♥', '7♦'])
  )
)
[('3♠', '7♣'), ('4♣', '7♥'), ('A♥', '7♦')]
```

sorted devuelve la lista ordenada, mientras que zip crea una tupla con un elemento de cada lista, devolviendo finalmente una lista de tuplas, tal como la que se muestra. La programación funcional se caracteriza por este tipo de *cadenas*: una función que recibe listas y emite listas, de forma que se pueden encadenar y, en su caso, dividir en diferentes hebras para hacerse de forma más eficiente. La combinación de la programación funcional y la nube ha dado lugar a la programación reactiva →

https://goo.gl/jzhU86, orientada a flujos de datos y que permite crear arquitecturas software flexibles y escalables. Todo esto
no nos preocupa ahora mismo, pero sí aprender este estilo de
programación, que puede aprovecharse en todo tipo de lenguajes y situaciones. Esa orden, zip, está presente en todo tipo de
lenguajes que incluyen características funcionales, como Perl6,
donde se haría:

```
sort ['3♠','4♣','A♥'] Z sort ['7♣', '7♥', '7♦']
((3♠ 7♣) (4♣ 7♥) (A♥ 7♦))
```

Perl6 se ahorra paréntesis cuando no hacen falta y convierte zip
en el operador infijo Z, es decir, operador que, tal como los operadores matemáticos, está en medio de los operandos, en vez
de al principio (lo que se suele denominar, en el caso de los operadores, *prefijo*).

> *Ejercicio*: crear una serie de fracciones, desde 1/3 has-
> ta 1/99 y hallar su suma.

Otra función, que estaba por alguna razón en Python 2 pero que
ha sido exiliada a functools en Python 3, es reduce. Esta aplica
repetidamente una función a los elementos de una lista o tupla,
a partir de un valor inicial. Es decir, aplica al primer elemento y al
valor inicial; el resultado lo aplica junto con el segundo elemento
y así sucesivamente. Es una función recursiva, tal como la hemos
visto antes, pero la podemos usar fácilmente de esta forma:

```
from functools import reduce
def fact(n): \
    return
```

```
reduce( lambda prev,this: prev*this, range(1,n+1),1)
```

La función factorial, definida de esta forma, funciona exactamente igual que la que hemos definido anteriormente de forma recursiva; la recursión, por así decirlo, va por dentro. La función lambda que tenemos que pasar a reduce tiene dos argumentos: el valor anterior prev y el valor actual de lo que le hemos pasado, this. Vamos multiplicando los valores a partir del 1, que en este caso no es necesario, porque es el valor por omisión. range(1,n+1) generará un array [1,..., n+1] y todo junto una función factorial que multiplica un número por todos los que le preceden tal como estamos acostumbrados.

> *Ejercicio*: Programar una función de Mandelbrot, usando números complejos, de la misma forma.

No hace falta que el resultado final de un reduce sea un sólo número. Podemos por ejemplo ir creando una sucesión de Fibonacci, partiendo de un valor inicial: los dos primeros valores.

```
def fib(n):
    return reduce( lambda prev,this: \
    prev+[prev[-2]+prev[-1]], range(1,n+1), [1,1])
fib(12)
[1, 1, 2, 3, 5, 8, 13, 21, 34, 55, 89, 144, 233, 377]
```

> *Ejercicio*: una generalización de las sucesiones de Fibonacci son las sucesiones de Lucas → https://goo.gl/pDkp9u, que usan números arbitrarios como los números iniciales y que también multiplican los términos anteriores por números naturales. Programar la función lucas

que genere estas sucesiones, y definir la función de Fibonacci como un caso particular de la misma.

Esta misma función, reduce, está también presente en muchos otros lenguajes de programación. En JavaScript, por ejemplo, es uno de los métodos de los arrays:

```
[3,2,1].reduce( function(prev,este){ return este*prev; } )
```

y, como se ve, se usa la misma palabra clave, function, para definir lambdas, lo que en realidad se llaman closures o funciones anónimas, que para definir funciones que no lo son, simplemente se añade el nombre de la función previamente al paréntesis. Estos ejemplos de *list comprehension* son ubicuos en los lenguajes de programación, y Python tiene además una forma que combina map y filter: la versión posfijo de for.

```
[Fraction(1,n) for n in range(1,100) if n % 2]
```

Esta orden genera fracciones que tienen en el denominador todos los números impares hasta el 100. Los corchetes que hay alrededor son los que indican que se va a tratar de una lista; el primer término indica la función que se va a aplicar a todos los elementos de la lista, lista que se genera precisamente con la expresión for n in range(1,100); el if al final filtra sólo los elementos que vamos a usar. Fraction es una clase para trabajar con quebrados; el primer elemento es el numerador, el segundo es el denominador, aunque también se le pueden pasar valores de esta forma: Fraction(1.3), que se convertirá automáticamente en 13/10. Con esta serie de fracciones se puede empezar a trabajar: hallar la suma, por ejemplo, o crear las secuencias de

Farey → https://goo.gl/1wqJcz, que son secuencias de listas de fracciones. Por ejemplo, se puede generar una aproximación al número e → https://goo.gl/enazCK.

Incluso de esta forma se pueden generar listas más complejas, como la multiplicación de dos vectores:

```
[str(valor)+card for card in ["♠","♣","♥","♦"]
    for valor in ['A','J','Q','K',2,3,4,5,6,7,8,9,10]]
```

El primer `for` recorre los palos, el segundo los valores, y los dos juntos se unen, usando + para cadenas, en las cartas de la baraja. Usamos `str` alrededor de `valor` simplemente para ahorrarnos poner comillas alrededor de los números.

> *Ejercicio*: para una urbanización con 4 bloques, 3 plan-
> tas por bloque, dos pisos por planta, A y B, generar
> todos los posibles pisos que hay en la forma que se
> considere más conveniente.

También se puede usar para almacenar valores en un `array` o diccionario. Por ejemplo, ¿son los valores aleatorios verdadera-mente aleatorios? Una forma es comprobar si el último bit se reparte de forma equitativa entre 0 y 1, y los números (enteros) resultantes son con igual probabilidad pares o impares.

```
from random import random
aleatorios = [int(random()*10000) for _ in range(10000)]
def cuenta_pares( prev, this ):
    prev[this&1 ] += 1; return prev;
from functools import reduce
```

```
reduce( cuenta_pares, aleatorios, [0,0])
```

Las dos sentencias from importan dos funciones que necesitamos: random y reduce. aleatorios genera números aleatorios entre 0 y 10000, usando int ya que random devuelve valores entre 0 y 1. cuenta_pares es la función que vamos a usar para reducir el array a un solo objeto. El primer argumento sería una lista. Usa el segundo argumento como un número, cuya paridad comprueba a base de hacer un Y por bits del último bit. Como el resultado es 0 o 1, usa += para aumentar en 1 el valor de ese elemento de la lista.

+= y en general cualquier operador más =, es una asignación que incluye el mismo elemento al que se asigna, es decir loquesea = loquesea OP otracosa se escribiría loquesea OP= otracosa; este tipo de asignación + operador se suele encontrar en prácticamente todos los lenguajes de programación; por ejemplo, en Ruby:

```
$a = [1,2,3]
$a += [4]
[1, 2, 3, 4]
```

En Ruby, las variables usan *sigilos*, en este caso el $, para designarse. Sin embargo, muchos lenguajes usan también algunos operadores *posfijo*, detrás de la variable. En Perl, por ejemplo

```
$matricula = 'AA'
$matricula++
print $matricula
AB
```

Este operador *postincremento* actúa, dependiendo del tipo que tenga, numérico o de caracteres, efectivamente incrementando el último carácter y convirtiendo la A en B. Sin embargo, en Python hay solo una forma obvia de hacer las cosas → https://goo.gl/K8daJu y coincide con otros lenguajes, como Lua, evitando estos operadores de postincremento e incluso otros como el preincremento que venían usándose desde la época del C. Si ya hay una forma de hacerlo, usando +=1, ¿por qué complicarse buscando otra?

> *Ejercicio*: Si habéis ejecutado el generador de números aleatorios de arriba, habréis visto que rara vez el resultado es exactamente la mitad de cada uno. ¿Cuanta desviación hay? Realizar una función que contabilice la desviación del generador de números aleatorios.

Concluyendo

Trabajar de forma funcional te permite acercarte más a los diferentes pasos en la ejecución de un problema, sin tener que pensar en estado, sino directamente como funciones que se aplican a las estructuras de datos que se han elegido. Python no es exactamente un lenguaje funcional, pero los lenguajes modernos no pueden evitar tener ciertos rasgos funcionales, aunque no estén en las funciones base. Alguna función en un módulo como `functools` completa bastante bien el panorama.

Made in United States
North Haven, CT
27 December 2022

30259566R00057